AF264094

PROJET

D'INSTRUCTION

POUR

LES COLONIES,

Relativement aux Décrets des 13 & 15 Mai 1791;

Par M. DUPONT, député de Nemours;

Commenté par un Ecolier de logique, âgé de treize ans et demi.

PROJET

D'INSTRUCTION

POUR LES COLONIES,

Relativement aux Décrets des 13 & 15 Mai 1791.

Par M. DUPONT, Député de Nemours;

Commenté par un Ecolier de logique, âgé de treize ans & demi.

IL importe peu au public que j'aie une tante, et qu'elle ait épousé un riche créol ; mais il m'importe de le dire : tout au moins cela dispensera nos diseurs de rien, nos perpétuels gloseurs, de s'écrier : « Pour » un grimaud de collége, il en sait bien long ».

Oui, j'en sais long, sur ce chapitre des colonies du moins, car le mariage de ma tante attire chez elle beaucoup de colons, et l'on juge que la conversation ne roule que sur le triste état des Colonies et sur les décrets qui y sont relatifs.

A ma derniere sortie par congé, l'ordre du jour, dans la société de ma tante, étoit le projet d'instruction destiné à accompagner le décret sur les gens de couleur. La séance fut très-vive ; car les enfans du Tropique sont peu endurans, et pour être de bon compte, l'*initiative*, même en ce genre, leur a encore été dérobée par ceux qui ont *arraché* le décret à l'assemblée nationale. J'ai assisté à ses séances depuis le jeudi 12 jusqu'au fatal dimanche suivant. J'ai entendu MM. Malouet, Moreau de S. Méry, l'abé Maury, Barnave, etc. débiter des choses fortes de raison, avec modération ; ils ont présagé les malheurs sans menace, tandis que MM. Tracy, Péthion de Ville-neuve, Dupont de Nemours, Regnault de Saint-Jean-d'Angely, Roberspierre, etc. faisoient feu de billebaude en imprécations et en invectives. Les expressions : *Périssent cent fois les colonies et les colons.. ennemis de la liberté françoise !* (Comment peut-on qualifier ainsi un peuple franc et loyal, qui a passé les mers pour venir se ranger spontanément sous la bannière de la nation?) etc. etc. Ces apostrophes publiques, dans l'assemblée qui devroit être le sanc-tuaire de la décence, me rendent, je l'avouerai, moins scrupuleux pour révéler les innocentes représailles que quelques-unes des victimes de la rage de ces messieurs se sont permises à huis-clos.

Ainsi, projet d'instruction en main, et lecture faite à haute voix, chaque paragraphe a été déchiré. — « C'est faux, — c'est contradictoire, — cela ne ré-» pond pas *ad rem*, — c'est parler comme un aveugle » des couleurs. — Attendez, attendez, je vais lui ré-» pondre (disoit l'un) ». L'autre : Eh ! non, laissez-

» moi prendre la plume ; j'étrillerai cet extravagant
» économiste en chien courtaud.

« Eh ! messieurs, me suis-je écrié, garantissez-vous
» de cette épidémie sénatoriale. Ne perdez point les
» précieux avantages que les colons en général se
» sont acquis dans cette scabreuse circonstance. Leurs
» députés se tiennent respectueusement à l'écart :
» imitez leur silence ; ce silence, qui est le plus pur
» hommage à rendre à des commettans dont la sa-
» gesse doit seule juger la question : ce silence est le
» caractère de la bonne cause, comme les accès de
» colère et les invectives sont celui de la mauvaise.
» On ne vous prendra point par vos paroles : celles
» que la mauvaise foi feint d'interpréter comme une
» menace, ont été dites à la tribune antérieurement au
» décret : vos ennemis, dès-lors, auront beau décla-
» mer, les présages des affreux malheurs que vous et
» la majeure partie du commerce, redoutez à juste
» titre, ne seront jamais pris par le public pour des
» menaces, mais bien pour des avertissemens salu-
» taires.

» Tenez, Messieurs, je crois voir que je fais quel-
» qu'impression sur vous. Voulez-vous vous fier à
» moi? J'emporte ce projet d'instruction, et je me
» charge du commentaire. *Ex ore infantium veritas.*
» A force de répéter cela tous les dimanches, je me
» persuade que cette maxime deviendra le refrain
» de tous mes lecteurs ».

Rendrai-je compte de tout au public, sans modes-
tie ? Je parlois d'or sans doute ; car on n'entendit dans
tout le cercle que : — Oh le joli enfant ! — « Oui
» mon ami, emportez le projet d'instruction, et, s'il

A 3

» se peut, M. Dupont lui-même dans votre classe :
» puissiez-vous l'y garder et lui faire faire une nou-
» velle éducation plus polie et moins systématique ».
— Ma bonne tante, de dire : « Ah dame, messieurs,
» vous avez bien raison ; c'est que, savez-vous ? il a
» eu des prix de grec en rhétorique ». Une jolie
créole m'embrassa. Ah ! si mon commentaire a quel-
que mérite, c'est à ce dernier trait que je le dois, on
peut en être sûr.

Commentaire.	*Projet d'instruction de M. Dupont.*

Hélas ! gare, que, comme on l'a annoncé, par avance, à l'assemblée nationale, d'affreux mal-heurs ne lui apprennent qu'elle s'est étrangement méprise sur ces moyens.

« L'assemblée natio-
» nale, occupée de tous
» les moyens d'assurer la
» prospérité des colonies ;

M. Dupont auroit dû se rappeller que l'assemblée nationale a consigné, le 8 Mars 1790, dans un dé-cret, « qu'elle n'a jamais

» de faire participer les
» habitans aux avantages
» de la constitution,

» entendu comprendre les colonies dans la constitu-
» tion qu'elle a décrétée pour le royaume ».

Vouloir faire *participer* aujourd'hui « les citoyens
» qui habitent les colonies aux avantages de la cons-
« titution, c'est (j'en demande pardon à M. Dupont)
faire agir l'assemblée nationale en sens contraire de
ses promesses ; c'est la mettre en contradiction avec
elle-même, c'est détruire un décret par un autre,
et M. Dupont ne dira pas que ces inconséquences
aient été commises insciemment par l'assemblée ;

car les défenseurs des colonies ont principalement insisté sur ce décret du 8 mars, et sur l'initiative promise le 12 octobre suivant.

Commentaire.   Projet d'instruction.

Le moyen de consolidation, il faut en convenir, est plaisamment imaginé. On consulte ordinairement les intéressés sur ces moyens. Bien loin de là, lorsque les députés des colonies ont voulu parler, « leurs voix ont été étouffées par des cris de fureur ». Et que diroit M. Dupont, si, par événement et faute de précaution pour défendre ses propriétes, la fortune des planteurs alloit être subvertie ? *Ah ! Dupont, Dupont, mon ami, qui t'a fait si peu sage* (1) ?

» De consolider la fortune des planteurs, etc.

Commentaire.   Projet d'instruction.

Qu'est-ce que prétend M. *l'instructionnaire*, par le défaut de lumières des hommes chargés du travail de la culture? Veut-il insinuer que les gens de couleur soient plus éclairés? « On le dit (répliquera-t-il, car il ne l'a pas vu). Belle boussole pour un législateur, que

« Elle (l'assemblée » nationale) a reconnu » que les hommes char- « gés du travail de la » culture dans les colo- » nies , sont, par leur » défaut de lumières et » par leur expatriation , » dans un état de mino- » rité prolongée.

---

(1) *Chacun connoît la chanson de Dupont mon ami. On en pardonnera cette parodie à un écolier.*

(8)

des *on dit !* Qu'entend-il par une *minorité prolongée ?*

Parlez franc, M. Dupont, quittez, homme de
système, pour un instant, le langage amphibolo-
gique des faiseurs de systêmes. Pour moi qui, par
mon âge sans conséquence, ne sais point déguiser la
vérité, j'appelle les hommes chargés du travail de la
culture dans les Colonies, franchement des nègres ;
et je dis que comme ni en politique, ni en jurispru-
dence, encore moins dans l'esprit de la constitution,
il n'y a de *minorité prolongée ,* sur-tout pour toute
une race d'hommes, et pour toute la vie de ces
hommes ; je dis que M. Dupont est très-fin, très-
adroit : séduit par le succès d'une promesse violée
sur l'initiative ; voici, je pense, comme il a pu rai-
sonner : » les Colonies ont déjà donné dans le piége ;
» confiantes aux promesses que nous leur avons faites
» en mars et en octobre 1790, elles ont été déjouées
» une fois ; courage : elles sont endormies de nou-
» veau par le décret du 13 , conçu *dans les expres-*
» *sions les plus claires et sans aucune équivoque.* Eh
» bien ! un decret ultérieur, *une instruction* (c'est-là
» le corps de réserve) les déjouera une seconde fois.
» Je vais fabriquer cette instruction : j'y ferai sonner
» bien haut le bienfait du décret *relatif aux personnes*
» *non libres ;* mais je glisserai que c'est *une minorité*
» *prolongée* «. (Oh! le beau mot ! comme il concilie
le régime des narcotiques pour les Colonies, avec la
déclaration des droits de l'homme)! Or, qu'est-ce
» qu'une *minorité prolongée ?* si ce n'est un état civil
» dont on peut appeler d'un moment à l'autre ? Nos
» fidèles amis des Noirs, MM. Brissot, Péthion ,

» Condorcet, auront bientôt interjetté l'appel : les
» Colons diront', que l'Assemblée Nationale a pro-
» mis, le 13 mai, par un décret, *qu'elle ne pronon-*
» *ceroit sur l'état des personnes non libres, que d'après*
» *les propositions spontanées que pourroient lui faire*
» *les assemblées coloniales.* Oui, répliquerons-nous;
» mais l'Assemblée Nationale a déclaré, ultérieure-
» rement, que ce qu'elle a entendu par *personnes*
» *non libres*, ne signifie que *minorité prolongée.* Or,
» il lui plaît de fixer le terme de cette *minorité ;* c'est
» dans les principes de sa constitution ; elle déclare
» qu'elle ne reconnoît plus de mineurs, dans les
» Colonies comme ailleurs, que ceux que l'âge, ou
» bien un état de démence, fixent à cet état. Nous
» ferons appuyer cela par des cris, les tribunes s'en
» mêleront, nous certifierons, par des éclats de co-
» lère, que les Colonies et leurs députés, sont des
» *ennemis de la liberté Françoise*, et le décret pas-
» sera ».

Je ne suis point dans la conscience de M. Dupont ;
mais, si le vaste champ des conjectures, ouvert à
tout homme libre, peut l'être à un jeune adoles-
cent, j'oserai hasarder cette prosopopée, comme si
j'avois lu dans cette large conscience, et je dirai aux
compatriotes de ma tante, que *chat échaudé doit*
craindre l'eau froide, fût-elle limpide comme le pa-
telinage qui a succédé à la fureur de M. Dupont.

Ecoutez-moi, braves insulaires : *Nimium ne crede*
colori. Ce n'est pas la première fois qu'on a emmiellé
les bords de la coupe qu'on vous présente. Je me
garde bien de vous assurer que le poison est au fond,
car peut-être jugerois-je témérairement M. Dupont,

» ce qu'à Dieu ne plaise ; j'ai trop beau jeu d'ail-
» leurs, en le commentant littéralement : mais je
» vous invite à une sage méfiance, qui, dit-on, est
» mère de la sûreté «.

<table>
<tr><td>

Commentaire.

Oui, il fut un temps où l'Assemblée Nationale étoit dans ces justes dis-positions ; c'étoit lors-qu'elle rendit ses décrets des 8 mars et 12 octobre ; quels qu'ils soient, ces décrets, j'imiterai les Co-lons par la plus respec-tueuse circonspection, par

</td><td>

Projet d'instruction.

» Il a paru, à l'Assem-
» blée Nationale , que
» le corps législatif ne
» peut être mieux éclai-
» ré *sur les exceptions*
» aux principes généraux
» de *sa constitution*, que
» par le vœu des Colo-
» nies *elles-mêmes* ».

</td></tr>
</table>

le silence : mais je me permettrai, ingénuement, de dire au membre de l'Assemblée (qui, composant une instruction dans son cabinet, n'est après tout, qu'un individu comme moi) ; que puisque de son aveu, « le corps législatif ne peut être mieux éclairé » que par le vœu des Colonies elles-mêmes », il étoit facile d'abord d'interpréter ce vœu par le ré-gime *général* des Colonies, dont *aucune* n'a jamais admis *aucun* homme de couleur aux fonctions admi-nistratives : je dirai ensuite que les représentans des Colonies, par l'organe de quatre comités de l'As-semblée Nationale réunis, tendoient indubitablement à émettre d'une manière satisfaisante, ce vœu, par la fondation d'un congrès général, dans une île neutre.

Je crois avoir lu, dans un Journal, qui n'a de

partialité que pour la raison (dans la Feuille du Jour) : « que les Colonies avoient les mains liées » par le congrès «. Il étoit indispensable, en effet, d'y améliorer le sort des gens de couleur, au risque d'y être forcé d'autant plus violemment, que l'on auroit trompé l'attente et la confiance de l'Assemblée Nationale.

Il me semble donc, par ces réflexions, que M. Dupont fait agir l'Assemblée Nationale contradictoirement à ses principes : il est évident que, loin » d'attendre le vœu des Colonies, pour être éclairée » sur les exceptions aux principes de sa constitu-» tion, relativement à l'état des personnes dans les » Colonies », elle a tranché despotiquement, au mépris des éclaircissemens préliminaires que quatre de ses comités lui donnoient, et sans égard à ses promesses les plus solennelles.

Commentaire.	*Projet d'instruction.*

Quel entortillage obscur ! *c'est la manière des économistes,* j'en conviens; mais que M. Dupont se mette donc bien dans la tête, qu'aujourd'hui elle ne peut plus séduire que ceux du parti, parce qu'ils veulent être séduits. La droiture et la bonne-foi ont un langage simple, pur et franc. Une autre question s'est élevée : » l'initiative coloniale sera-

» Une autre question » s'est élevée sur la ma-» nière dont l'initiative » coloniale seroit exercée » et sur les personnes qui » auroient le droit d'y » concourir par elles-» mêmes, ou par leurs » représentans, qui doi-» vent former les assem-» blées coloniales «.

» t-elle exercée sur les gens de couleur ? ». Voilà ce que M. Dupont devoit dire : alors il n'eût pas ajouté, « que la raison, le bon sens, le texte positif » des loix, disoient que les colonies sont composées » de tous les citoyens libres qui les habitent, et » que TOUS ces citoyens devoient donc prendre part » à l'élection des assemblées qui feront usage pour » eux du droit d'initiative » ; ce qui n'est qu'un sur-croît de galimathias. Que disent réellement la raison et le bon sens ? Qu'à deux mille lieues du corps lé-gislatif (qui ignore totalement l'organisation des co-lonies) il falloit, avant d'y introduire une innova-tion destructive de l'ordre qui regne depuis un siècle et demi, se bien convaincre d'un principe, « que » ce n'est jamais impunément que l'on passe brus-» quement, d'un régime même délicat, à un régime » tout opposé ; qu'il en est, à cet égard, du corps » politique comme du corps humain ». La raison et le bon sens disent que nous aurions dû nous con-tenter des expériences désastreuses qui se multi-plient chaque jour, sans y ajouter si cruellement les nouvelles leçons que nous donnons au monde entier, et dont cependant ni le monde ni nous-mêmes nous ne profiterons guères. Tout prescrivoit donc d'adopter la mesure proposée par les quatre comités réunis ; tout prescrivoit de souscrire au comité général dans l'isle de Saint-Martin, et d'attendre les lumières de ceux des habitans des colonies qui sont seuls en état de les répandre.

Quant au *texte positif des loix*, n'est-il pas éton-nant que M. Dupont ose ainsi l'invoquer ? Il se cramponnera tant qu'il voudra à l'article IV des

Instructions du 28 mars ; il ne dissuadera jamais l'Europe entière, qui a les yeux ouverts sur le parti que prend la France, relativement à ses Colonies, d'une grande vérité, c'est que le *texte positif de la loi* n'existe pas dans les interprétations alambiquées et sophistiques de M. Dupont. Le voici ce texte, dans le décret du 8 mars. « L'Assemblée Nationale » n'a jamais entendu comprendre les Colonies dans » la constitution qu'elle a décretée pour la France, » ni les assujettir à des loix incompatibles avec leurs » convenances locales et particulières ».

Quelle est donc la plus importante convenance locale et particulière des Colonies ? si ce n'est d'y maintenir un ordre de classes d'habitans, *dans lequel* les Colonies Françoises sont montées au plus haut degré de splendeur ; *par lequel* la France s'est enrichie ; *avec lequel* la paix et la bonne intelligence ont régné constamment parmi ceux que l'on veut diviser ?

Que M. Dupont ose me contredire ; qu'il cite, s'il le peut, la moindre plainte, le plus leger mécontentement de son sort, de la part des hommes de couleur domiciliés dans les Colonies, jusqu'au moment où la secte homicide a ouvert *ses missions* par le malheureux Ogé, jusqu'à l'époque où le général (crossé et mitré, de la société) a rédigé, avec les *Joly* et *Brissot*, les adresses et les libelles du mulâtre Raymond, qui, si l'on interrogeoit en particulier sa bonne foi (cette caste d'hommes en a beaucoup, et beaucoup de sensibilité) répondroit que les gens de couleur et nègres libres étoient

très-heureux ; qu'ils étoient contens de leur existence civile dans les Colonies.

Le texte positif de la loi, le voici encore dans le
décret du 12 octobre. » L'Assemblée Nationale dé-
» clare la *ferme* volonté d'établir , *comme article*
» *constitutionel,* qu'il ne sera jamais statué sur l'état
» des *personnes* (en général) que sur la demande
» expresse et formelle des assemblées coloniales «.
Or, comme l'Assemblée Nationale, par l'article II
de son décret du 8 mars, a prononcé que « dans les
» Colonies, où il existe des assemblées coloniales,
» librement élues par les citoyens, et avouées par
» eux, ces assemblées seront maintenues et admises
» à exprimer le vœu de la Colonie «. Comme d'ailleurs, les assemblées coloniales étoient formées, et
qu'elles ont été confirmées par l'aveu des citoyens,
sans aucune réclamation des gens de couleur, il
s'ensuit que les absurdités des sophistes, qui, autre-
fois, comme aujourd'hui, se disoient philosophes,
ont entraîné le corps législatif à rendre un décret,
qui contredit formellement ses loix précédentes sur
les Colonies. C'est ce que l'Univers entier jugera,
en plaignant les Colonies d'un excès de confiance,
que le patriotisme François a pu seul leur inspirer
dans le sein d'une nation, où tant d'ennemis à qui nul
moyen de succès ne coûte, travaillent avec tant de
chaleur à leur perte.

Je m'arrête.... Il m'a paru que la société de Colons, pour laquelle je travaille, a le projet de faire
imprimer ma diatribe ; or, il ne faut pas que pour
cumuler la défense de ses intérêts, je fatigue mes
lecteurs, en leur répétant ce que MM. de Malhouet

Moreau de Saint-Mery, Barnave, etc. ont si sagement développé.

Qu'on lise l'instruction ; il n'y a personne qui ne soit frappé de la contradiction révoltante avec laquelle son auteur s'appuie de *l'ancien régime,* page 4, *lorsqu'il le croit utile à son systême,* tandis que dans tout autre cas, il le reprouve comme le *plus despotique des régimes.* — On sera frappé de la.... J'en demande pardon à M. Dupont ; qu'il me fournisse un synonime à *mauvaise foi ;* la civilité, *puérile et honnête* me fait rougir en prononçant ce mot, pour exprimer le contraste de la *citation* de l'édit de 1685, avec la *réticence* de vingt ordonnances et arrêts du conseil, postérieurs à cet édit, qui punissent les délits graves des hommes de couleur, par le retour à *l'esclavage.* Voyez l'excellent ouvrage de M. Moreau de Saint-Méry, intitulé : *Considérations présentées aux vrais amis du repos et du bonheur de la France :* rien ne démontre plus évidemment que le conseil d'état (d'où émanent et l'édit et ces ordonnances), n'a jamais prétendu alligner les droits des hommes de couleur libres, avec ceux des Colons blancs ; car certes, il n'a jamais pu être question, dans aucun cas, de retour à *l'esclavage* pour ceux-ci. Mais le paradoxal économiste avoit besoin d'un point de contact pour soutenir son systême ; pardonnons-lui d'avoir *happé* l'édit de 1685 : le risque d'être si facilement démasqué sur une erreur de plus, n'a pas dû le retenir.

Citons cependant encore un article de l'instruction, qu'il est impossible de passer sous silence, c'est celui qui concerne les députés des Colonies.

Voici l'article.	*Commentaire.*

» L'Assemblée Natio-
» nale a vu *avec douleur.*

> Comment s'est-elle ma-
> nifestée, cette douleur ?
> Par ces cris, *bon*, *tant-*
> *mieux*, *bon voyage.* D'a-
> près ces faits *notoires*, on
> appliqueroit volontiers à
> M. Dupont l'expression
> de Lafontaine : *le saint*
> *homme de chat !*

» *Quelques* députés des
» Colonies «.

> *Quelques députés des Co-*
> *lonies.* Eh bien ! il n'y en
> a pas un seul qui n'ait
> énoncé très - respectueu-
> sement à l'assemblée, qu'il
> croyoit devoir s'abstenir
> d'assister à ses délibéra-
> tions. Voilà le fait.

» Regarder comme une
» *diminution* des conces-
» sions précédemment
» faites «.

> Vous convenez donc
> qu'elles étoient faites ces
> concessions, M. Dupont ?

» Aux assemblées co-
» loniales, *l'extension*
» nouvelle «.

> – Comment une exten-
> sion peut-elle être prise
> pour une diminution ?

» Donnée à ces mêmes
» concessions «.

> Courage, M. Dupont,
> le langage entortillé ! cela
> tend parfaitement à vos
> vues. Votre système ne
> peut qu'y gagner.

> » Sans

| *Suite de l'article.* | *Commentaire.* |

» Sans doute ces dépu-
» tés ne tarderont pas à
» revenir d'une erreur ».

Quel grand mot, *revenir d'une erreur !* Quelle belle leçon ! Mais je ne la crois pas applicable aux députés des Colonies ; ne convient-elle pas mieux à des architectes qui se sont opiniâtrés à bâtir sur un terrein qu'ils ne voyoient ni ne connoissoient ? Si le grand principe de la société doit être *salus populi*, son application se trouve terriblement en contradiction avec le principe empyrique par lequel on prétend rajeûnir un vieux corps attaqué de plusieurs maux, dont la guérison devoit être au moins l'ouvrage du temps. Mais ce grand principe de la société, *salus populi*, diffère un peu de celui de M. Dupont et de ses ayans-cause : *væ victis*, voilà leur devise.

| *Suite de l'article.* | *Commentaire.* |

» Si contraire aux *in-*
» *tentions* et à la *teneur*
» *des décrets* du corps lé-
» gislatif et constituant «.

Les intentions du corps législatif sont que « tout » homme soit libre : un » député est homme ; donc » il est libre «.

Je demande pardon à mes lecteurs si j'emploie si souvent les termes *sophisme* et *systême*. Il faut parler à chacun sa langue ; je dirai donc à M. Dupont qu'il peut donner des leçons de sophismes, mais non pas de syllogismes à un écolier de logique. Quant *à la teneur des décrets*. M. Dupont me fera plaisir d'indiquer celui qui défend aux députés de donner (même) leurs démissions. Quel est celui qui force à délibérer lorsque les délibérations sont

B

étouffées ou écoutées, selon le degré de clameurs de quelques membres de l'assemblée; lorsque le mulâtre Raymond, se présentant au nom de la corporation des gens de couleur, est écouté à la barre; tandis que les députés extraordinaires en sont exclus; lorsqu'enfin l'Adresse des Amis de la constitution du Havre est écoutée, tandis qu'on refuse d'entendre celle du Commerce de cette ville, et tandis que l'adresse de Nantes est soustraite à l'assemblée nationale?

Le corps législatif, très-certainement, a pour principe, digne de sa sagesse, de tout entendre; mais, (je le demande à M. Dupont lui-même) entend-il tout? connoît-il tout? a-t-on de loisir de lui rendre compte de tout?

« L'assemblée nationale (s'écrie M. Dupont)
» pourroit traiter les députés des colonies plus sé-
» vèrement ». Et comment? quel traitement plus sévère, que celui de n'avoir nul égard à la représentation modérément énoncée, des dangers que le décret du 15 mai fait courir à leurs propriétés et à la vie de leurs familles et de leurs compatriotes, de leurs enfans même, hommes de couleur?

« Et pourquoi les traiter plus sévèrement »? Que M. Dupont cite aucun éclat de colère de la part des députés des colonies, aucun mot échappé qui les ait fait rappeller à l'ordre!

L'impossibilité de faire cette citation; la noble, circonspecte et respectueuse conduite des députés des colonies fait le désespoir des persécuteurs des colonies. Par-là, on ne pourra imputer qu'à ceux-ci les désastres des colonies, et par contre-coup ceux de la France.

Je vais plus loin. Quoique bien novice encore sur les droits de l'homme, je donnerai toute carrière aux calomnieuses imputations faites par M. Dupont et par ses adhérens, aux députés des colonies.

Seroit-il donc contre les droits d'aucun citoyen, (*a fortiori* d'aucuns députés enyers leurs commettans) d'analyser, de commenter, de présenter les décrets de l'assemblée selon l'aspect où ils se présentent à eux? On parle de la liberté de la presse. En n'étendant point sa sphère jusqu'à la licence, cette liberté ne donne-t-elle pas le droit de dire : « Je trouve ceci bon, cela mauvais, ou tout au » moins dangereux, parce que les convenances lo- » cales en seront choquées de manière à faire ruisseler » le sang ». Que ne suis-je malin? Je dénoncerois M. Dupont au tribunal de la nation, pour avoir témérairement douté que l'opinion de quelques particuliers pût influer sur la solidité des décrets de l'assemblée nationale. Je lui apprendrai du moins, que l'emblême des décrets du corps législatif constituant doit être *molé suâ stat.* — Ces décrets ont dû être pesés et mûris dans la sagesse de l'assemblée nationale, cimentés par le vœu de ceux qui y sont intéressés : enfin tous ces décrets doivent être bienfaisans et salutaires.

Si le décret du 15 mai est dans ce cas-là, je le répète à M. Dupont, *molé suâ stat, sa propre consistance le rend inébranlable.* Eh ! voyez le décret du 8 mars. -- Une allégresse universelle et des fêtes publiques en ont marqué la réception. Blancs, -- hommes de couleur, tous ont pris part à cette joie générale. (Remarquez bien, M. Dupont, ces cir-

constances). Les assemblées coloniales et provin-
ciales se sont maintenues ou formées, sans, (je le
répète) qu'auprès des administrateurs des colonies,
« très-étrangers à ces assemblées , il y ait eu nulle
» réclamation de la part des hommes de couleur,
» de ce qu'ils n'ont pas été appelés à ces assemblées.

Il y avoit donc de l'harmonie dans les colonies.
De l'harmonie ! Cette première loi de la nature ,
voilà ce que M. Dupont a particulièrement travaillé
à détruire.

Et , non content de s'être livré à cette hasardeuse
entreprise , M. Dupont veut encore rendre garans
des désastreux événemens ceux qui en seroient les
premières victimes ! « En vérité, M. Dupont, c'est
» un peu fort. Quel prétexte enfin saisissez-vous
» pour justifier cette garantie ? Un silence absolu,
» — une retraite à l'écart , de la part des députés
» des colonies ».

Si ce sont-là , selon vous monsieur l'économiste ,
les règles d'équité des législateurs , il faut en convenir , M. Dupont, je ne saurois atteindre à votre
hauteur.

Mais, concluons ; car à tout il faut des conclusions.

Je crois avoir démontré que l'instruction (adroi-
tement enveloppée par son auteur , de l'écorce de
la bienfaisance , ajoute encore aux dangers que le
commerce , bien plus encore que les colons , entre-
voit dans l'émission du décret sur les hommes de
couleur.

Qu'on y réfléchisse attentivement. Cette nouvelle
équivoque de *minorité prolongée* ! Ah ! ce n'est pas
ainsi qu'un corps imposant, comme le corps légis-

latif, traite avec un corps imposant comme les colonies réunies.

Quel parti prendre donc ? Ici le respect s'em-
pare de moi : ce n'est plus avec M. Dupont que j'ai
affaire ; il s'agiroit de conseil à l'assemblée nationale ! c'est au-dessus de mes forces, et bien plus
encore au-dessus de mes respectueuses intentions.
Au reste, l'apologue de l'écolier justifie tout auprès
de l'indulgente assemblée.

Je dirai donc, qu'au collége, il m'est arrivé de
faire bien de fredaines, de commettre bien des er-
reurs ; mais les seules qui soient restées impunies,
sont celles que j'ai su reconnoître, avouer et réparer.

Ridendo dicere verum , nil vetat.

POST-SCRIPTUM,
A L'ÉDITEUR.

Le 7 juin 1791.

Je reçois, à l'instant, *l'extrait des procès-verbaux
de l'Assemblée Nationale, relativement à l'état des
personnes dans les Colonies.*

L'instruction qui y est insérée, sous le titre *d'Ex-
posé des Décrets des 13 et 15 mai,* est très-différente
de *l'Instruction aux Colonies,* presentée par un membre des comités, qu'il a déclaré être son ouvrage
individuel.

En comparant ces deux textes d'instruction, im-
primés, on reconnoîtra que je n'ai commenté que
l'ouvrage individuel.

Sur tout ce qui concerne les décrets de l'Assemblée Nationale, je ne m'écarterai jamais de la ligne du respect ; mais je dirai aux novateurs politiques, qui, s'appuyant sur la doctrine de Rousseau, n'établissent l'existence des loix que sur *les conventions*, sur *le Contrat social*, que Saint-Domingue n'est point uni à la France, comme beaucoup de ses provinces, par des successions, ou par droit de conquête, encore moins par droit naturel d'enclave, mais par un *contrat volontaire* des conquérans propriétaires, qui, conformément aux principes reconnus dans la *discussion de l'affaire d'Avignon*, n'ont jamais pu perdre leurs droits par les abus de la force d'un *souverain individuel*, pas plus qu'ils ne doivent les perdre par l'abus de la force d'un *souverain collectif*.

Cette force, ces abus, ne seront pas nécessaires, et je sens en moi...... comme si j'étois créol...... je sens la persuasion, que si l'Assemblée Nationale persiste en son décret du 15 mai, les Colons, ces braves descendans des Flibustiers, *qui voudroient être François, même malgré l'Assemblée Nationale*, feront tous les efforts imaginables, pour que le décret et l'instruction soient reçus de manière que les rapports commerciaux et l'union des Colonies avec la métropole, ne soient pas altérés.

Hoc opus, *hic labor est.*

De l'Imprimerie de la FEUILLE DU JOUR, rue de Bondi, No. 74, à côté de l'Opera.